EXPOSITION UNIVERSELLE DE 1889

PAVILLON DE LA VILLE DE PARIS

CATALOGUE

DE

L'EXPOSITION SPÉCIALE

DE

L'Administration générale de l'Assistance publique

A PARIS

PARIS

GRANDREMY et HENON, Imprimeurs de l'Assistance publique

28, QUAI DE LA RAPÉE, 28

1889

EXPOSITION UNIVERSELLE DE 1889

(Pavillon de la Ville de Paris)

Administration générale de l'Assistance publique à Paris

CATALOGUE

Médecine, Chirurgie, Accouchement
Archéologie, Publications administratives et financières
Statistique
Architecture, Vues d'Établissements
Costumes, Matériel hospitalier
Travail des Enfants de l'orphelinat Riboutté-Vitallis
des
Enfants moralement abandonnés
et des Enfants idiots et épileptiques de Bicêtre
Services généraux

MDCCCLXXXIX

INSTRUMENTS, APPAREILS

ET DOCUMENTS SCIENTIFIQUES

EXPOSÉS

Par MM. les Membres du Corps Médical des Hôpitaux

OUVRAGES ET PUBLICATIONS SCIENTIFIQUES

MÉDECINE

MÉDECINS DES HOPITAUX

Dr AUDHOUI, Médecin de l'Hôpital de la Pitié.

— Tube à lavage de l'estomac, à double courant.
— Excitateur intermittent, avec interruption à bouton.
— Sonde pour la faradisation intime de l'estomac.

Dr BROCQ, Médecin du Bureau Central.

— Carte d'aiguilles pour la destruction des poils par l'électrolyse.

Dr CHARCOT (*Service de M. le*), Professeur de Clinique des maladies nerveuses à la Faculté de médecine, Membre de l'Académie de médecine, Médecin de la Salpêtrière.

— Buste en terre cuite représentant une malade atteinte de paralysie labio-glosso-laryngée (par le Dr P. Richer).

— Cadre des dessins originaux de la nouvelle iconographie
de la Salpêtrière (MM. Gilles de la Tourette, Chef de
clinique du professeur Charcot, et P. Richer, Chef du
laboratoire).
— Cadre de photographies représentant des sujets atteints
de diverses affections traitées dans le Service (Épreuves
tirées par M. Londe).
— Dessins d'anatomie morphologique du Dr P. Richer, dis-
posés dans un meuble à volets.

Dr DAMASCHINO, Professeur de pathologie interne à la Faculté de médecine, Membre de l'Académie de médecine, Médecin de l'Hôpital Laënnec.

— Photographies micrographiques : Moëlles, embryons,
cellules (Travail du laboratoire, 4 cadres).

Dr DUJARDIN-BEAUMETZ *(Service de M. le)*, Membre de l'Académie de médecine, Médecin de l'Hôpital Cochin.

— Bascule Hervé-Mangon, modifiée par le Dr Stackler,
pour servir à l'étude, chez l'homme, des variations de
poids du corps, avec appareil fournissant le tracé des
moindres variations et servant à l'étude des rapports
qui existent entre ces variations et les phénomènes
observés chez l'homme sain ou malade.
— Schéma de la bascule enregistrant automatiquement les
variations du poids d'un malade.

LABORATOIRES DE THÉRAPEUTIQUE ET DE BACTÉRIOLOGIE

— Gaveuse, du Dr Dujardin-Beaumetz.
— Aspirateur de suc gastrique, du Dr Dujardin-Beaumetz.
— Produits préparés ou étudiés au Laboratoire de thérapeu-
tique (Exalgine, Hypnone, Phénacétines, Piliganine,
Hémoglobine, Oléandrine, etc.).
— Thermomètre enregistreur pour les applications chimiques
(Disposition V. Deschiens.
— Machine pneumatique simplifiée, du Dr G. Bardet, Chef
du laboratoire de thérapeutique, pour servir d'aspi-
rateur et de laveur des cavités.

- Spectroscope modifié, du Dr Bardet, pour l'étude du pouvoir chimique des couleurs.
- Grande balance d'analyse, de G. Fontaine.
- Injecteur rectal gazogène, du Dr Bardet.
- Inhalateur automatique, du Dr Bardet.
- Gastro-électrode, du Dr Bardet.
- Régulateur automatique pour la production des gaz, du Dr Bardet.
- Collection d'uréomètres.
- Collection d'appareils à culture pour la bactériologie.
- Cultures de microbes pathogènes, préparées par le Dr Dubief, Chef du Laboratoire de bactériologie.
- Préparations microbiennes, préparées par le Dr Dubief.
- Appareil de photographie appliquée à la chimie.
- Dessiccateur double, de Fontaine.
- Râpe mécanique.
- Alambic d'essai.
- Bain-marie à niveau constant.
- Malaxeuse de laboratoire.
- Thèses préparées au Laboratoire de thérapeutique.
- Comptes rendus des travaux du Laboratoire de thérapeutique, par le Dr G. Bardet.

Dr LUYS, Membre de l'Académie de médecine, Médecin de l'Hôpital de la Charité.

- Céphalographe fronton-occipital, donnant le diamètre fronto occipital du crâne.
- Céphalographe circulaire, destiné à donner les diamètres horizontaux.
- Céphalographe bi-auriculaire, donnant les diamètres verticaux transversaux.
- Microtome, pour faire de grandes coupes minces des tissus.
- Gros cerveau, moulage en carton-pierre pour l'étude des circonvolutions. Ce cerveau a été fait sur le moulage d'un cerveau naturel durci.— Il a été agrandi par des procédés techniques.

- Quatre cerveaux d'adultes, avec colorations variées des différents groupes de circonvolutions. — Conservation obtenue par la solution de bichromate de potasse.
- Moulage en plâtre des fibres blanches cérébrales. — Système des fibres cortico-striées.
- Moulage en plâtre des fibres blanches cérébrales. — Système des fibres cortico-thalamiques.
- Spécimens de substance cérébrale momifiée, avec fibres apparentes (2 spécimens).
- Collection de planches photographiques du cerveau, comprenant 15 coupes horizontales et verticales.
- Collection de planches photo-micrographiques, comprenant : des coupes de la moëlle allongée et du bulbe, cellules nerveuses, cellules géantes, etc.
- Photographies représentant deux groupes de sujets fascinés par l'action du miroir rotatif.

Dr QUINQUAUD (Service de M. le), Médecin de l'Hôpital Saint-Louis.

LABORATOIRE

- Appareil pour le dosage des gaz de la respiration.
- Deux masques.
- Deux muselières.
- Sac à gaz en caoutchouc.
- Un robinet à trois voies.
- Soupapes de Muller.
- Appareil pour l'administration du chloroforme.
- Appareil pour le dosage de l'urée dans les tissus et les humeurs.
- Uréomètre Quinquaud.
- Trompe à eau.
- Appareil pour le dosage des graisses.
- Appareil pour le dosage des gaz du sang, du glucose, par fermentation, etc.
- Un serpentin.
- Une grille à analyse.

— Appareil calorimètre du docteur Quinquaud.
— Deux projets d'appareils calorimétriques.
— Ouvrages préparés au laboratoire.

Dr SIMON, Médecin de l'Hôpital des Enfants-Malades.

— Lit mécanique pour arthrite sous-occipitale et mal de Pott de la région cervicale (Modèle en réduction).

Dr TENNESSON, Médecin de l'Hôpital Saint-Louis.

— Porte-ouate utérin.

MÉDECINS ALIÉNISTES

Dr FÉRÉ, Médecin de l'Hospice de Bicêtre.

— Compresseur bi-temporal à ressort et à rallonge.
— Ceinture pour la compression des ovaires, à rallonge et à pelote mobile.

Dr A. VOISIN. Médecin de l'Hospice de la Salpêtrière.

— Thermomètre muni d'une loupe, destiné à prendre en particulier les températures de la tête. — Ce thermomètre présente l'avantage d'obtenir les températures dans un espace de temps qui ne dépasse pas une minute.

CHIRURGIE

CHIRURGIENS DES HOPITAUX

Dr Th. ANGER, Chirurgien de l'Hôpital Cochin.
— Dilatateur pour opération de la taille périnéale.
— Lithotome simple pour thermo-cautère.

Dr BERGER, Professeur agrégé à la Faculté de médecine, Chirurgien de l'Hôpital Lariboisière.
— Table en cuivre à plaques de verre mobiles pour déposer les intruments (Salle d'opérations).
— Étagère à immersion antiseptique pour stériliser les instruments.
— Bassin pour stériliser les forceps.

Dr GUÉNIOT, Professeur agrégé à la Faculté de médecine, Chirurgien de l'Hospice des Enfants-Assistés.
— Ceinture inguino-hypogastrique à ressort métallique contre les déviations utérines, la faiblesse des régions sous-inguinales et les douleurs lombo-abdominales qui en dépendent.
— Ceinture ventrière à bretelles et à patte lombaire contre les prolapsus abdominaux (prolapsus graisseux et prolapsus pariéto-viscéral de l'abdomen).
— Appareil en gutta-percha formant double gouttière pour le traitement des fractures de cuisse chez les nouveau-nés.

Dr GUYON, Professeur de pathologie externe à la Faculté de médecine, Chirurgien de l'Hôpital Necker.
— Perforateur pour céphalotripsie intra-crânienne.
— Petite treptine pour céphalotripsie intra-crânienne.
— Forceps pour céphalotripsie (du professeur).

— Aspirateur des graviers (du professeur).

— Injecteur vésical (du professeur).

— Pinces à mors et à bandes transversales pour saisir les grosses tumeurs.

— Pince à crémaillère pour grosses tumeurs.

— Instrument pour uréthrotomie externe (du professeur).

— Pince porte-fil pour polypes utérins.

— Tenette casse-pierre.

— Tenette casse-pierre à chaîne (du professeur).

— Mandrin pour changer la courbure des sondes.

— Instrument pour extraire les corps étrangers de l'urèthre.

— Entonnoir à injection pour remplacer la seringue.

— Deux sondes exploratrices avec mandrin.

— Brise-pierre explorateur.

— Sonde pour repousser les calculs.

— Dilatateur du professeur Guyon pour lithotritie périnéale.

— Dilatateur à cinq mandrins.

— Sonde exploratrice à robinet.

— Explorateurs pleins avec résonnateur (4).

— Seringue d'instillation.

— Boîte de bougies exploratrices.

— Porte-compresse pour chloroforme.

— Sonde cannelée pour l'uréthrotomie externe, avec stylet affilé à olive et bougie filiforme se montant à la place du stylet, la patte se démontant de la sonde cannelée pour pouvoir passer une sonde percée.

— Pince uréthrale, les deux mors mobiles ou un seul à volonté, pour les corps étrangers de l'urèthre.

— Lithotome double sans levier, à vis, pour écarter les lames pour taille périnéale.

— Ballon entoilé pour la taille hypogastrique.

— Siphon double à courbure fixe pour la taille hypogastrique.

— Dépresseur vésical pour la vessie dans la taille hypogastrique.

— Deux grandes curettes larges, tranchantes et mousses, à manche mobile, pour la taille hypogastrique.

— Six curettes assorties de forme et de courbure pour la taille hypogastrique.

— Curette à bouton pour la taille hypogastrique.

— Curette vésicale à mandrin articulé en spirale et robinet pour le grattage de la vessie par l'urèthre.

— Curettes-pinces emporte-pièce droites et courbes pour tumeurs de la vessie dans la taille hypogastrique.

— Tenette à clou de forceps, droite, pour la taille hypogastrique.

— Stylet articulé servant à retirer les fragments de pierre dans l'urèthre et à donner les différentes courbures aux sondes.

— Écarteur en buis pour la cautérisation dans la taille hypogastrique.

— Ciseaux très courbes pour exciser les tumeurs de la vessie.

— Dilatateur rétrograde à trois branches pour le col de la vessie dans la taille hypogastrique.

Dr HORTELOUP, Chirurgien de la Maison de Santé.

— Uréthrotomes (Trois).

— Clamp pour varicocèles.

Dr LUCAS-CHAMPIONNIÈRE, Chirurgien de l'Hôpital Saint-Louis.

— Instruments pour la trépanation du crâne. Trépan spécial.

— Pinces gruges de formes diverses.

— Griffes-écarteurs pour ovariotomie.

— Table d'opérations servant à la fois à transporter les malades de leur lit, à les opérer et à les ramener. Toutes les opérations sont pratiquées sur cette table, qui est parfaitement fixe au repos et qui roule avec la plus grande facilité.

— Table à instruments contenant des liquides antiseptiques, cases distinctes pour les instruments et les agents de suture.

Dr NICAISE, Chirurgien de l'Hôpital Laënnec.

— Gouttière à valves mobiles permettant facilement tous les pansements dans toutes les régions. — Élevée sur pied à la hauteur voulue pour le passage du bassin.

Dr POZZI, Agrégé de la Faculté de médecine, Chirurgien de l'Hôpital de Lourcine.

— Ligateur élastique.
— Pince porte-aiguilles (ancien modèle).
— Pince porte-aiguilles (dernier modèle).
— Lit roulant pour transporter les malades anesthésiés.
— Alèze vaginale.

Dr P. SEGOND, Chirurgien du Bureau Central.

— Dilatateur pour anus artificiels.
— Sonde dilatatrice pour lavages intra-utérins.
— Pince fixatrice pour ligateurs élastiques.

Dr TARNIER, Professeur de clinique obstétricale à la Faculté de médecine, membre de l'Académie de médecine, Chirurgien de la Maternité.

— Forceps Tarnier.
— Dilatateur à tube élastique.
— Dilatateur à trois branches.
— Sonde à injection intra-utérine.
— Basiotribe Tarnier.
— Couveuse Tarnier.

Dr TERRILLON, Chirurgien de l'Hospice de la Salpêtrière.
— Hystéro-curvimètre.

ACCOUCHEURS DES HOPITAUX

Dr RIBEMONT-DESSAIGNES, Accoucheur de l'Hôpital Beaujon.

— Insufflateur pour ranimer les nouveau-nés.
— Embryotome pour couper au besoin la tête des nouveaunés.

Dr AUVARD, Accoucheur suppléant.

— Cranioclaste du docteur Auvard.
— Forceps podalique du docteur Auvard, destiné à saisir la partie inférieure de la jambe du fœtus, alors que retenu dans les organes génitaux-maternels, il oppose une sérieuse résistance aux actions de l'accoucheur.
— Injecteur nickelé.
— Doigtier injecteur.
— Couveuse Auvard.

Dr DOLÉRIS, Accoucheur suppléant.

— Pince clamp pour hystérectomie vaginale.
— Pince à placenta.
— Pince à placenta.
— Pince à abaissement.
— Jeu d'écouvillons.

MÉDECINE — CHIRURGIE

(Service spécial)

Dr CAZIN, Médecin-Chirurgien de l'Hôpital de Berck-sur-Mer.

— Lit immobilisateur à siège mobile, pour coxalgiques, avec attelles pour la résection du genou (type haut. — Modèle en réduction).

— Lit immobilisateur à siège mobile, pour coxalgiques, avec attelles pour la résection de la cuisse (type bas. — Modèle en réduction).

— Table destinée à faciliter l'application des appareils silicatés ou plâtrés, en cas de coxalgie, sans aide (type haut. — Modèle en réduction).

— Table destinée à faciliter l'application des appareils silicatés ou plâtrés, en cas de coxalgie, sans aide (type bas. — Modèle en réduction).

— Chaise pour coxalgiques (modèle en réduction).

OUVRAGES & PUBLICATIONS SCIENTIFIQUES

— Bibliothèque contenant divers ouvrages et publications scientifiques de MM. les membres du Corps médical des Hôpitaux, de 1878 à 1888. (Voir *Catalogue spécial*).

— Bulletins et mémoires de la Société médicale des hôpitaux de Paris de 1879 à 1888 (10 volumes).

— Index bibliographique des ouvrages, mémoires et publications diverses de MM. les Médecins et Chirurgiens des Hôpitaux et Hospices, publié par l'Administration en 1878.

— Index bibliographique des ouvrages, mémoires et publications diverses de MM. les Médecins, Chirurgiens et Accoucheurs des Hôpitaux et Hospices, ouvrage publié par l'Administration à l'occasion de l'Exposition Universelle de 1889 (fait suite à l'Index de 1878).

SPÉCIMENS

DE MOULAGES DE PIÈCES ANATOMIQUES ET PATHOLOGIQUES

(Collection de l'Assistance publique)

MUSÉE DE L'HOPITAL SAINT-LOUIS (J. BARETTA, *modeleur*).

— Verrues planes (face). Service de M. le docteur BESNIER.

— Érythème polymorphe (main). Service de M. le professeur FOURNIER.

— Sarcome à myéloplaxes (pied).

ARCHÉOLOGIE

ARCHIVES DE L'ADMINISTRATION (1)

SPÉCIMEN DES PIÈCES LES PLUS INTÉRESSANTES.

— Fac-similé d'une charte de 1157 relative à l'Hôtel-Dieu, document le plus ancien conservé aux archives de l'Assistance publique.

— Cartulaires de l'Hôtel-Dieu des XIIe et XIIIe siècles (publiés dans la collection des documents inédits pour servir à l'histoire de France).

— Manuscrit à vignettes dit " *Livre de vie active* ", composé avant l'année 1483 par maître Jehan Henry, chantre de Notre-Dame de Paris et proviseur de l'Hôtel-Dieu; on y trouve les renseignements les plus intéressants sur l'Administration de l'Hôpital au XVe siècle, notamment en ce qui concerne les Sœurs.

— Deux comptes de l'Hôtel-Dieu des années 1364 et 1560.

— Pardon de l'Hôtel-Dieu de l'année 1746; affiche qu'on apposait aux portes des églises, non seulement à Paris, mais dans les provinces, pour solliciter de la charité publique des aumônes au profit de l'Hôtel-Dieu.

— Rotule des comptes de l'Hôpital Saint-Jacques de l'année 1330.

— Inventaire des Reliques et du Trésor de l'Hôpital Saint-Jacques, dressé en 1666.

---

(1) Voir *Appendice*.

— Antiphonaires ayant servi aux Frères de Saint-Jean-de-Dieu, premiers administrateurs de la Charité ; plusieurs grandes gouaches sont remarquables par un sentiment très juste de la couleur et par la composition. L'un d'eux porte la date 1701.

— Plan original, sur parchemin, de l'Hôpital Saint-Louis présenté, vers 1604, à Henri VI et approuvé par lui, ainsi qu'en témoignent les trois lignes autographes de Sully au bas du document.

— Deux autographes de Saint-Vincent-de-Paul.

OBJETS ANCIENS.

— Mortier à pilon, porte la date de 1637, et, sur un écusson, le nom de Jean Mégissier.

— Mortier des Pères de la Charité de Paris (1695), porte autour d'un écusson : *Joseph Poyer m'a fait.*

— Jauge en cuivre des eaux de l'Hôtel-Dieu de Paris, faite en 1748.

— Lavabo ancien en cuivre.

— Collection de vases de pharmacie, anciens, recueillis dans les Hôpitaux, Hospices et Bureaux de Bienfaisance de la Ville de Paris. Façon Nevers et Rouen, origines diverses : *Vases, Coupes, Braseros* (PHARMACIE CENTRALE DES HOPITAUX).

INSTRUMENTS ANCIENS

— Meuble contenant les Instruments du docteur Dupuytren.

— Boîte contenant des Instruments du docteur Dupuytren.

— Instruments du docteur Civiale (3 vitrines).

PORTRAITS ET BUSTES DE BIENFAITEURS
DE L'ASSISTANCE PUBLIQUE

— Portrait du chancelier d'Aligre, attribué à Philippe de Champagne. Peinture (*Maternité*).

— Portrait de M. de Montyon. Peinture.

— Portrait en pied de Mme de Bullion. Peinture ancienne (*Charité*).

— Portrait en pied d'Élisabeth Roy, comtesse de Lariboisière. Peinture de Gros (*Lariboisière*).

— Portrait de Rossini. Miniature entourée d'une couronne de fleurs en porcelaine coupée de banderolles portant les titres des œuvres du maître. La couronne est supportée de chaque côté par une petite colonne reposant sur un même socle en bois sculpté (*Rossini*).

— Portrait de Mme Boucicaut (photographie encadrée).

— Buste en marbre de M. de Beaujon, par Houdon (*Beaujon*).

— Buste en marbre de l'Abbé Cochin, par Bridau père (*Cochin*).

— Buste en marbre de M. Chardon-Lagache, par Carpeaux (*Chardon-Lagache*).

— Buste en marbre de Mme Chardon-Lagache, par Carpeaux (*Chardon-Lagache*).

OBJETS D'ART

— Les origines de l'Institution des Établissements hospitaliers à Berck-sur-Mer (*Tableau de* Eug. THIRION. — *Don du Conseil Général de la Seine*).

— Grand vase en porcelaine du Japon (*Don du Chef de l'État*).

PUBLICATIONS

PUBLICATIONS DIVERSES RELATIVES AUX HOPITAUX
ET HOSPICES DE PARIS

— Histoire de l'Hôpital de Notre-Dame-de-Pitié de 1612 à
1882, par le Dr GUILLIER (1882).

— La Salpêtrière.— Son histoire de 1656 à 1770; ses origines
et son fonctionnement au XVIIIe siècle, par le Dr Louis
BOUCHER (1883).

— L'hôpital Laënnec (ancien hospice des Incurables), de
1634 à 1884. — Notice historique par H. FEULARD
(1884).

— Histoire de l'Hôpital Necker de 1778 à 1885, par le D^r RAY-
MOND-GERVAIS (1885).

— Origines de la Maternité de Paris. Les maîtresses sages-
femmes et l'office des accouchées de l'ancien Hôtel-
Dieu, de 1378 à 1796, par Henriette CARRIER, ancienne
élève de la Maternité, sage-femme de l'Hôpital Lariboisière (1885).

— L'Hôpital du Midi et ses origines, par le Dr A. PIGNOT
(1885).

— L'Hôpital Beaujon. Histoire depuis son origine jusqu'à
nos jours, par le D^r Ch. FOURNEL.

— L'Hôpital Lariboisière. — L'Enclos Saint-Lazare, par le
Dr F. GUÉRARD (1888).

— Une bienfaitrice de l'Hôtel-Dieu de Paris. — La dernière
marquise de Lionne, par L. BRIÈLE (1884).

— De l'origine de l'Hospice des Incurables. — François
JOULET DE CHATILLON, par L. BRIÈLE (1885).

PUBLICATIONS DE L'ADMINISTRATION

Publications historiques.

— Collection de documents pour servir à l'histoire des hôpitaux de Paris, publiée par L. Brièle, archiviste de l'Administration (4 vol., 7 fascicules).

— Inventaire sommaire des Archives hospitalières antérieures à 1790, rédigé par L. Brièle (3 vol., 1882-1886).

— Supplément à l'inventaire des Archives hospitalières antérieures à 1790, par L. Brièle (1er fascicule, 1888).

Publications administratives et financières depuis 1878.

— Programme de l'Enseignement dans les Écoles municipales d'infirmiers et d'infirmières de Bicêtre, de la Salpêtrière et de la Pitié. — Distribution des prix, de 1878 à 1889.

— Budgets de 1878 à 1889.

— Comptes financiers de 1878 à 1887.

— Comptes moraux de 1878 à 1886.

— États nominatifs du personnel administratif, de 1878 à 1888.

— États nominatifs du personnel médical, de 1886 à 1889.

— Rapports sur le Service des Enfants-Assistés de la Seine, de 1878 à 1887.

— Rapports sur le Service des enfants moralement abandonnés, de 1880 à 1887.

— Secours à domicile (répartition des fonds), de 1878 à 1886.

— Rapports sur le traitement des malades à domicile, de 1878 à 1886.

— Recueil des lois, ordonnances et décrets applicables à l'Administration (1 vol., 1887).

— Recueils des circulaires et arrêtés, de 1856 à 1888.

— Formulaire pharmaceutique (1 vol. 1887).

— Règlement sur le Service des surveillants (1882).

— Rapport sur l'organisation des Écoles d'infirmiers et d'infirmières (1881).

— Organisation des Écoles d'infirmiers et d'infirmières (1881).

— Statistique de la population indigente de Paris, de 1880 à 1886.

— Examen de l'art. 22 du règlement sur le Service de santé (1886).

— Notes. — Ressources et besoins de l'Assistance publique (1879).

— Notes et renseignements sur les rapports entre l'Assistance publique et le Mont-de-Piété.

— L'Assistance publique et le Mont-de-Piété (1885).

— Rapport de la Commission chargée d'examiner le différend entre l'Assistance publique et le Mont de-Piété (1885).

— Mémoire au Conseil de Surveillance sur le projet de séparation etc. (1881).

— Solution proposée (même sujet, 1879).

— Observations et renseignements complémentaires (même sujet, 1879).

— Rapport sur le remplacement des Sœurs de l'hospice des Enfants-Assistés par un personnel laïque (1886).

— État général des propriétés, de 1880 à 1883.

— Rapport sur les dons charitables recueillis pendant l'hiver de 1879-1880.

— Recueil des lois, décrets etc., sur les secours à domicile (1880).

— Règlement sur l'organisation de l'Assistance à domicile (1886).

— Situation financière, Rapport et Mémoires (2 brochures, 1886).

— Rapport sur un projet de nourricerie pour les enfants syphilitiques (1879).

— Création de stations maritimes ou thermales de 1886 à 1887.

— Rapport sur les résultats obtenus à Berck-sur-Mer (1884).

— Étude sur la diphthérie (1887).

— Statistique de la rougeole, etc. (1887).

— Choléra infantile (1888).

— Impétigo contagieux (1888).

— Création d'une chaire de clinique obstétricale à la Maternité (1887).

— Même sujet (1888).

— Rapport sur la comptabilité en matières (1884).

— Mémoire sur la comptabilité en matières (1883).

— Augmentation du taux des Fondations (1886).

— Règlement sur le Service des accouchements, de 1879 à 1883 (4 brochures).

— Étude sur un projet de création d'Asiles de nuit (1885).

— Projet de création d'un Institut vaccinogène et vaccinal pour Paris et le département de la Seine.

— Hôpital temporaire pour les varioleux. — Règlement sur le Service intérieur (1887).

— Liste des grands travaux exécutés de 1878 à 1888 dans les Établissements hospitaliers dépendant de l'Administration générale de l'Assistance publique à Paris (1889).

TABLEAUX STATISTIQUES

— Tableaux comparatifs des années 1878 et 1888 pour tous
les Services de l'Administration générale de l'Assistance publique à Paris.

— *Service des Enfants-Assistés de la Seine.* — Tableau de la
population en 1888. — Enfants placés temporairement
au dépôt de l'Hospice, enfants secourus, immatriculés,
moralement abandonnés.

— Carte de France avec diagramme donnant le nombre d'enfants assistés existant dans chaque agence.

— Carte régionale indiquant la topographie des placements
au 1ᵉʳ mai 1889.

— *Statistique A.* — Diagramme indiquant combien sur cent
enfants de moins d'un an, reçus dans chaque circonscription pendant la période 1881-1885, il y en avait de
chaque âge à leur arrivée.

— *Statistique B.* — Mortalité de 0 à 1 an. — Diagramme par
circonscription; la mortalité annuelle des enfants
assistés par sexe et des deux sexes réunis.

— *Statistique C.* — Mortalité par groupe d'âge. — Diagramme répondant à cette question : Sur cent enfants
de chaque groupe d'âge, combien d'accidents avant
d'avoir un an accompli?

— *Statistique D.* — Mortalité de 0 à 1 an. — Diagramme
indiquant combien mille enfants existants au commen-
cement de chaque période d'âge ont fourni de décès
avant d'atteindre la période suivante.

— *Statistique E.* — Décès par mois. — Diagramme répondant à cette question : Sur 1,200 décès annuels de
chaque âge, combien par mois?

— *Statistique F.* — Décès de 0 à 1 an par mois. — Diagramme répondant à cette question : Sur 1,200 décès de 0 à 1 an, combien par mois ?

— *Service des enfants moralement abandonnés,* créé par le Conseil général du département de la Seine en 1879. — Statistique du service. — Nombre d'enfants admis. — Répartition des placements (Tableau).

— Diagramme indiquant le nombre des abandons d'enfants avant la création du tour, pendant le tour, après la suppression du tour.

SERVICE D'ARCHITECTURE

— Plan de Paris indiquant la situation topographique de tous les Établissements de l'Administration (1 châssis).

— Album renfermant les plans des Établissements hospitaliers.

— Album renfermant les plans des canalisations d'eau des Établissements.

— Plan de l'Hôpital Tenon (1 châssis).

— Hospice de la Salpêtrière. — Quartier d'aliénées, section Rambuteau (1 châssis : plan, coupe, façade). — Dessin de M. VIBERT, architecte.

PLANS ET DESSINS DES PRINCIPALES CONSTRUCTIONS ÉRIGÉES DEPUIS 1878.

— *Hôpital des Enfants-Malades :* Pavillon pour le traitement des diphthériques (1 châssis). — M. DELAAGE, architecte.

— *Maison de retraite Galignani frères,* érigée à Neuilly-sur-Seine (4 châssis). — M. DELAAGE, en collaboration avec M. VÉRA.

> Plan général ;
> Façade principale ;
> Coupe longitudinale ;
> Pavillon du centre.

— *Hospice de Bicêtre.* — Plan général comprenant le quartier des enfants idiots et épileptiques.

— *Hospice de Bicêtre.* — Quartier des enfants idiots et épileptiques (11 châssis). — Feu M. GALLOIS, architecte.

> Élévation latérale, côté nord ;
> Façade sur musée et dortoir ;
> Services de jour (plan général ;
> Services de jour (élévation et coupe) ;
> Bâtiment des gâteux (façade) ;
> Dortoirs ;
> Infirmerie ;
> Bâtiment des cellules (plan) ;
> Bâtiment des cellules (façade) ;
> Musée et dortoir (plan) ;
> Pavillon d'isolement (plan et façade).

— *Maternité.* — Grands pavillons d'accouchement (5 châssis).
— Feu M. GALLOIS, architecte.

> Plan d'ensemble et du rez-de-chaussée. Vues
>   photographiques des façades.
> Façade principale :
> Façade postérieure ;
> Coupe en élévation ;
> Pavillon d'isolement pour les accouchements
>   (plan, coupe, façade).

— *Hospice des Enfants-Assistés.* — Pavillons d'isolement (4
châssis). — Feu M. GALLOIS, architecte.

> Plan général et vues photographiques ;
> Pavillon des rubéoleux et des diphthéritiques,
>   (plan, coupe, façade) ;
> Pavillon des nourriceries, (plan, coupe, façade) ;
> Pavillon des maladies contagieuses, (plan, coupe,
>   façade).

— *Hôpital de varioleux d'Aubervilliers.* — (1 châssis). — Feu
M. GALLOIS, architecte ; dessin de M. GRANDJACQUET-

— *Hospice de la Salpêtrière.* — Réfection des cabinets d'ai-
sances du pavillon Lassay (plan et coupe) ; état
ancien, état actuel (1 châssis)— M. VIBERT, architecte.

— *Hospice de la Salpêtrière.* — Service de bains et d'hydro.
thérapie ; (plan, coupe, façade, perspectives d'intérieur,
1 châssis). — M. VIBERT, architecte.

— *Hôpital Saint-Antoine.* — Pavillon Moïana (3 châssis). — M. GRANDJACQUET, architecte.

> Plan du rez-de-chaussée et du 1ᵉʳ étage ;
> Plans des caves et du 2ᵉ étage :
> Façades et coupes.

— *Hôpital Saint-Antoine.* — Service des bains internes et externes (3 châssis). — M. GRANDJACQUET, architecte.

> Plan général ;
> Coupe transversale et coupe longitudinale :
> Façades.

— *Hospice de Brévannes.* — (3 châssis). — M. GRANDJACQUET, architecte.

> Plan général ;
> Quartier des Ménages (plan) :
> Quartier des Ménages. — Façade principale et façade sur la cour.

— *Hôpital Broussais.* — (2 châssis). — M. GRANDJACQUET, architecte.

> Plan général ;
> Vue perspective des bâtiments.

— *Hôpital Lariboisière.* — Pavillon d'ovariotomie (1 châssis). — M. GRANDJACQUET, architecte.

> Plan, coupe et vue perspective.

— *Hôpital Beaujon.* — Amphithéâtre des opérations et des cours (3 châssis). — M. LEBRUN, architecte.

> Plan général ;
> Façade principale et coupe ;
> Coupe et vue perspective de l'intérieur.

— *Fondation Rossini.* — (3 châssis). — M. VÉRA, architecte.

> Plan des caves du rez-de-chaussée et des étages ;
> Plan d'ensemble et coupe :
> Façade sur la rue Wilhem.

— *Hospice Debrousse.* — Avant-projet (1 châssis). — MM. BERNARD et DÉZERMAUX, architectes.

> Plan des étages. — Élévation et coupe.

— *Domaines du Service des Enfants-Assistés de la Seine en Algérie.* (1 châssis). — M. PETY, architecte.

> Plan des concessions.— Plan de la Donation Roudil. — Vue perspective des bâtiments de la ferme de Ben-Chicao. — Médaillon de l'abbé Roudil.

SERVICE DE L'INGÉNIEUR

— Plan de l'installation d'une étuve à désinfection (système Geneste Herscher) pour la literie, les vêtements, le linge, etc. (Hôpital d'Aubervilliers). — Coupe et plan: (1 châssis). — M. GUARY, ingénieur.

— Installation d'un appareil à désinfecter les crachoirs des phtisiques, construit par Piet et Cie, d'après les expériences de M. le Dr Lallier (hôpital Lariboisière) plan et coupe (1 châssis). — M. GUARY, ingénieur.

VUES PHOTOGRAPHIQUES

DE DIVERS HOPITAUX ET HOSPICES

HOPITAUX GÉNÉRAUX

Hôtel Dieu :

— Vue sur la cour.
— Vue des galeries.
— Cour intérieure.
— Vue de cour.

Pitié :

— Entrée principale.

Charité :

— Entrée.

Necker :

— Vue d'ensemble sur la rue.

Beaujon :

— Façade sur la rue.
— Cour intérieure.
— Cour intérieure.
— Amphithéâtre des opérations (Intérieur).
— Pavillon d'ovariotomie.

Laënnec :

— Entrée principale.
— Cour d'honneur.
— Pavillon d'ovariotomie.
— Vue intérieure d'une salle.

Lariboisière :

— Entrée.
— Vue des galeries.

Tenon :

— Entrée.
— Cour principale.
— Cour intérieure.

Bichat :

— Façade sur le chemin de fer.

HOPITAUX SPÉCIAUX

Saint-Louis :

— Façade sur la cour.
— Cour intérieure.

Maternité :

— Entrée.
— Cour des Cloîtres.
— Cour intérieure.
— Vue intérieure.

Maison de Santé :

— Façade sur la rue.
— Vue intérieure (Cour principale).

HOPITAUX D'ENFANTS

Trousseau :

— Vue perspective sur les jardins.

Enfants-Malades :

— Entrée.

Enfants-Assistés :

— Nourricerie.

Berck-sur-Mer :

— Vue de la plage.
— Façade sur la plage.

HOSPICES

Bicêtre :

— Vue générale de la façade.
— Entrée principale.
— Quartier des enfants idiots et épileptiques. — Vue d'ensemble et plan général.
— Vue intérieure des Services de propreté.
— Vue de l'intérieur des ateliers.
— Vue intérieure des classes et dortoirs.

Salpêtrière :

— Entrée.
— Façade intérieure.

Brévannes :

— Vue sur les fossés.
— Façade.

MAISONS DE RETRAITE

Ménages :

— Vue d'ensemble.
— Façade sur la rue.

Maison de retraite Sainte-Périne :

— Vue d'ensemble.
— Cour d'honneur.

Amphithéâtre :

— Vue sur cour.
— Vue d'une salle.

ÉTABLISSEMENTS DE SERVICE GÉNÉRAL

Pharmacie Centrale :

— Façade sur le quai.
— Vue des jardins.

Boulangerie Centrale :

— Vue d'ensemble.
— Vue intérieure.

Magasin Central :

— Vue de la cour.

FONDATIONS

Hospice de la Reconnaissance :

— Façade et grille d'entrée.

Fondation Devillas :

— Façade et entrée.

Asile Lambrechts :

— Façade sur les jardins.

Maison de retraite Galignani frères :

— Façade et grille sur le boulevard.
— Façade intérieure.
— Cour intérieure.

École de Villepreux :

— Façade sur la rue.

— Photographie des bas-reliefs de la Boulangerie Centrale.
— Vue de l'hôpital Saint-Louis et des quartiers environnants,
par Gaspard Mérian (Bâle 1620).

COSTUMES

EN USAGE DANS LES ÉTABLISSEMENTS HOSPITALIERS

AQUARELLES

Sous-Employés et Serviteurs :

— Portier — Sous-Surveillant — Portier d'intérieur — Infirmier — Suppléant (1 cadre).

— Suppléante — Infirmière — Surveillante — Première Infirmière — Sous-Surveillante (1 cadre).

Administrés :

— Malades : Hommes et Femmes (5 figures, 1 cadre).

— Enfants malades — Enfants assistés (5 figures, 1 cadre).

MATÉRIEL HOSPITALIER

Spécimens de Meubles, d'Ustensiles et d'Appareils.

MEUBLES

— Lit de malade (système Herbet) avec sommier à lames d'acier. Garniture complète.

— Matelas en trois sections (*Lariboisière*).

— Grand berceau démontable en fer creux (système Herbet) (*Maternité*, pavillon TARNIER).

— Berceau en fer creux pour nouveau-nés (*Ibid.*).

— Guéridon ou table ronde en fer antiseptique (*Ibid.*).

— Fauteuil antiseptique en fer (*Ibid.*)

— Chaise antiseptique en fer (*Ibid.*).

— Table de nuit antiseptique en fer, à parois pleines (*Ibid.*).

— Table de nuit antiseptique en fer, à parois libres (*Ibid.*).

— Tabouret en fer (*Ibid*).

— Table roulante antiseptique en bois blanc, avec revêtement de carreaux de faïence. Service de M. le docteur Duguet (salle Grisolle) (*Lariboisière*).

— Table de nuit antiseptique en bois blanc, avec revêtement de carreaux de faïence (*Ibid.*).

— Chaise antiseptique en bois blanc, siège à barreaux (*Ibid.*).

— Chaise antiseptique en bois blanc à siège mobile (*Ibid.*)

USTENSILES

— Ustensiles anciens en étain : bols, assiettes, bassins, cuvettes, pots à tisane, gobelets, etc.

— Ustensiles nouveaux en faïence : bols, assiettes, cuvettes, pots à tisane, verres, etc.

— Panier d'enfant alité, contenant serviette, bol, assiette, timbale, fourchette.

— Crachoirs, urinaux anciens et nouveaux.

— Seau hygiénique ancien en cuivre.

— Seau hygiénique nouveau en fer émaillé.

— Seringue en étain.

— Irrigateur.

— Petite chaise percée.

APPAREILS POUR SALLES DE MALADES

— Porte-vivres roulant conservant les aliments chauds (*Lariboisière*).

— Chariot roulant à lampe à alcool pour tenir les aliments chauds, avec ou sans étuve (*Broussais*).

— Réchaud porte-manger, en usage à La Rochefoucauld.

— Chariot roulant à lavabo, pour les pansements (*Service de chirurgie. — Lariboisière*).

— Lavabo roulant à quatre places, avec cuvette à coquille, pour les salles de chirurgie (*Broussais*).

— Lavabo à écoulement constant (système Flicoteaux).

— Vidoir à chasses facultatives (système Flicoteaux).

— Aéro-vaporisateur de Linières.

— Gros vaporisateur pour assainissement des salles (Aubry).

— Table d'opérations du docteur Nicolétis.

— Appareils à réduction de luxation et à fracture du col du docteur Hennequin.

APPAREILS POUR SALLES D'OPÉRATIONS

— Réservoir à eau filtrée (système Piet).
— Tablettes en glace avec support isolant (système Michel).
— Filtre Chamberland (système Pasteur, 21 bougies).
— Armoire chauffe-linge avec chauffage au gaz (système Piet).
— Lavabo avec alimentation froide et chaude par mélangeur automatique (système Piet).
— Chaudière à eau chaude chauffée par le gaz (système Piet).
— Épurateur d'air chauffé au gaz pour calorifères à air chaud (système Flicoteaux).
— Siphon avec chasses automatiques se réglant à volonté.
— Gorges et champs en fer émaillé (système Michel).
— Spécimen de carrelage imperméable en grès vitrifié.
— Réservoir. — Injecteur.
— Stérilisateur du docteur Poupinel (construit par Wiesnegg).

TRAVAUX

Des Enfants élevés dans les différents Services de l'Administration.

Orphelinat Riboutté-Vitallis; Enfants moralement abandonnés; Enfants idiots et épileptiques.

ORPHELINAT RIBOUTTÉ-VITALLIS

TRAVAUX FAITS PAR LES ENFANTS.

— Serrurerie : Rosace, partie de grille en fer.
— Menuiserie : Portes et volets en réduction.

ENFANTS MORALEMENT ABANDONNÉS

TRAVAUX FAITS PAR LES ÉLÈVES.

ÉCOLES PROFESSIONNELLES

École d'horticulture et de vannerie de Villepreux (Seine-et-Oise)

— Spécimens des travaux de vannerie (tables, corbeilles, chapeaux, instruments aratoires, etc.).
— Tableau de pièces de menuiserie et de serrurerie.
— Plan topographique de l'École et de la Région.
— Plan graphique de l'École.
— Plan graphique des cultures.
— Collection de dessins exécutés par les Élèves.

École d'ébénisterie et de typographie de Montévrain (Seine-et-Marne)

— Vitrines et montres horizontales et verticales de l'installation de la Section de l'Administration.
— Bibliothèque Renaissance.
— Bureau Renaissance.
— Crédence Henri II.
— Grand buffet Henri II.
— Chambre à coucher Louis XVI en palissandre (lit, armoire à glace, table de nuit).
— Petit bureau (modèle en réduction).
— Travaux d'assemblage.
— Vitrine à médicaments pour les hôpitaux.
— Petit kiosque avec escalier tournant.
— Collections de dessins du cours de l'École.
— Spécimens de livres imprimés par les Élèves (Rapports administratifs, etc.).

École d'Yzeure (Allier).

— Travaux de couture.

GROUPES INDUSTRIELS

Choisy-le-Roi.

— Faïencerie : Assiettes, tasses, bols, vases à fleur en faïence décorée.

Montreuil-sous-Bois.

— Broderie d'art : écran brodé.
— Garniture de cheminée brodée en couleur sur fond grenat.
— Coussin brodé en couleur sur noir.
— Châle noir brodé.
— Spécimens de diverses broderies sur étoffe et d'uniforme.
— Cahiers d'Élèves, dessins et devoirs.

Bayel.

— Verrerie : Verres, sucriers, services à bière et à liqueur, candélabres, etc., verre blanc et de couleur.

Arcis-sur-Aube.

— Lacets et ganses : Tableau de jarretières et ganses brodées fantaisie.

Troyes.

— Bonneterie : Tableau de spécimens de bonneterie (bas, chaussettes).

Vierzon.

— Cristallerie : Verres, brocs, candélabres, coupes, services à bière et à liqueur, verre blanc et de couleur.

Sailly-le-Sec.

— Collection de serrures de différents systèmes avec clés et spécimens de poignées pour meubles.

PLACEMENTS ISOLÉS

Paris.

— Plaque guillochée.

Saint-Amand (Nord).

— Travaux de tissage et de broderie, pièces de serrurerie.
— Petit Mausolée en marbres de diverses couleurs.
— Vase tourné en marbre.

Abbeville.

— Placard imprimé par deux Élèves.

Moulins.

— Menuiserie : Bibliothèque en chêne.
— Pièces d'assemblage.
— Cordonnerie : Chaussures pour hommes et enfants, paire
de bottes soignées.

Troyes.

— Travaux de bonneterie (Spécimens).
— Coutellerie.

ENFANTS IDIOTS ET ÉPILEPTIQUES
DE BICÊTRE

MATÉRIEL D'ENSEIGNEMENT

— Objets servant à l'éducation des sens : toucher, vue,
ouïe, goût et odorat.
— Éducation maternelle. — Objets servant à apprendre aux
enfants à marcher, à sauter, à se boutonner, etc.
Notion du nombre et des formes. Cahiers d'enfants
améliorés.

ENSEIGNEMENT PROFESSIONNEL
Spécimens de travaux exécutés par les Enfants.

— Menuiserie (surfaces, solides, meubles en réduction). Serru-
rerie (serrures et ferrures). Cordonnerie (chaussures).
Brosserie (brosses). Vannerie et rempaillage (corbeilles,
paniers, etc.).
— Photographies et moulages.
— Comptes rendus annuels de la section 1880-1888.

(Un catalogue spécial de cette partie de l'Exposition
a été dressé par les soins de M. le Docteur Bourneville,
chef du Service).

ÉTABLISSEMENTS

DE SERVICE GÉNÉRAL

APPROVISIONNEMENT CENTRAL

— Chariot à transporter les denrées.
— Notice sur le fonctionnement du Service de l'Approvisionnement.

BOULANGERIE CENTRALE DES HOPITAUX

— Pétrin mécanique système Deliry (modèle en réduction).
— Four à houille système Lamoureux (modèle en réduction).
— Bocal contenant de la farine moulue et employée à la Boulangerie Centrale.
— Pain consommé dans les Établissements hospitaliers. — Un pain frais est apporté chaque jour à l'Exposition.
— Notice sur le fonctionnement et la fabrication de l'Établissement.
— Vue perspective des différents services de la Boulangerie Centrale (1 châssis).

PHARMACIE CENTRALE DES HOPITAUX

— Échantillons de gaze phéniquée et iodoformée fabriquée à l'Établissement à l'aide d'un outillage spécial.

MAGASIN CENTRAL

— Échantillons de denrées consommées dans les Établissements hospitaliers (haricots, pois, etc., 12 bocaux).
— Ustensiles (Voir *Matériel hospitalier*).
— Linge à pansement (bandages, mèches, etc.).

Vêtures :

— Layette de 1 jour à 7 mois.
— 1er Maillot de 7 mois à 21 mois.
— 2e Maillot de 21 mois à 3 ans.
— 1re Demi-vêture de 7 mois à 15 mois.
— 2e Demi-vêture de 15 mois à 2 ans.
— 4e Vêture de garçons.
— 4e Vêture de filles.
— 12e Vêture de garçons.
— 12e Vêture de filles.
— 2 Manteaux de garçons, 6 ans et 9 ans.
— 2 Manteaux de filles, 6 ans et 9 ans.

APPENDICE

Avant les événements de 1871, les archives de l'Administration générale de l'Assistance publique étaient d'une incomparable richesse; pour le nombre, aussi bien que pour la valeur intrinsèque des documents, elles étaient dans une juste proportion avec l'importance et l'antiquité des établissements hospitaliers de la capitale de la France.

Pendant les années qui s'écoulèrent depuis 1801, date à laquelle fut constituée la nouvelle Administration des hôpitaux et hospices civils, jusqu'en 1808, vingt-huit hôpitaux, hospices ou communautés hospitalières avaient opéré le versement de leurs archives particulières dans le bâtiment de la rue Saint-Pierre-aux-Bœufs, qui avait été construit au xviiie siècle pour les seules archives de l'Hôtel-Dieu. Ce nouveau dépôt des archives hospitalières de Paris demeura logé, jusqu'en 1836, rue Saint-Pierre-aux-Bœufs ; en cette année 1836, lors de l'élargissement de la rue, il fut transféré dans les combles du bâtiment du parvis Notre-Dame, et, 22 ans plus tard, en 1858, vint occuper tout le cinquième étage du nouveau Chef-lieu de l'Administration, avenue Victoria, où il se trouve encore aujourd'hui.

L'incendie de mai 1871 a atteint, dans une proportion plus ou moins grande, tous les *fonds* d'archives qui formaient notre dépôt; aucun de 28 fonds n'est resté entier; mais, grâce à de sages mesures de précaution, les plus importants de ces fonds ont été préservés dans leurs parties essentielles; et c'est ainsi qu'on a pu dire, avec vérité, que la fleur de nos archives a été sauvée.

Les fonds qui existent encore actuellement aux archives de l'Assistance publique, et dont le récolement a été publié en 1876 (1), sont au nombre de huit : l'Hôtel-Dieu, l'hôpital Saint-Jacques-aux-Pèlerins, l'Hôpital-Général, les Enfants-Trouvés, les Enfants-Rouges, la Trinité, le Saint-Esprit-en-Grève et l'hospice des Incurables (2).

Au point de vue numérique, les archives anciennes de l'Administration se composent aujourd'hui de plus de cent mille pièces, dont huit mille parchemins des xiiie et xvie siècles.

(1, Paris, Champion. In-8°, 10.

(2) Ce dernier fonds était conservé à l'hospice d'Ivry, et n'a été réuni aux archives générales de l'Administration qu'en 1878.

Il convient ici d'insister, surtout en ce qui concerne nos trois principaux fonds, sur les ressources que nos archives peuvent encore présenter aux personnes qui s'occupent de l'histoire de Paris.

Du fonds de l'Hôtel-Dieu, nous possédons encore : tous les documents relatifs au Domaine urbain, les comptes, complets et détaillés, du vieil hôpital depuis 1364 jusqu'en 1599, et, à partir de cette époque, des comptes généraux, pour la plus grande partie du xviiie siècle ; enfin, la collection complète des délibérations de l'ancien Bureau de l'Hôtel-Dieu, depuis 1531 jusqu'en 1791.

Du fonds de l'hôpital Saint-Jacques, nous avons conservé une précieuse collection de comptes en rotules et en cahiers depuis 1320 jusqu'en 1708, et plus de deux mille pièces sur parchemin, qui sont : actes de donations et de fondations au profit de l'hôpital, actes de ventes et d'échanges, baux, sentences du Parlement ou du Châtelet, bulles papales, etc.

Du fonds des Incurables, toutes les pièces justificatives de la dépense depuis 1649 jusqu'en 1788, et les dossiers de nominations aux lits de l'hospice depuis 1713 jusqu'en 1789.

Ces indications, quelque sommaires qu'elles soient, suffiront pour montrer avec quel profit les archives de l'Assistance publique peuvent être encore consultées : nous signalerons surtout, au point de vue très particulier et si intéressant de la topographie du vieux Paris, le Chartrier de Saint-Jacques-l'Hôpital.

Depuis dix ans, l'Administration de l'Assistance publique, dans le but de faciliter les recherches, a fait imprimer les trois volumes de l'Inventaire de ses Archives, publié avant 1870, par ordre de M. Husson, alors directeur de l'Administration, mais dont l'édition presque entière avait péri dans l'incendie de 1871 ; un quatrième volume vient d'être ajouté à l'édition primitive (1).

L'Administration a, de plus, donné ses soins à l'impression d'une collection de documents pour servir à l'histoire des hôpitaux et hospices de la ville de Paris. Cette importante collection se compose actuellement de quatre volumes in-4° à deux colonnes.

---

(1) Il nous sera bien permis, en parlant de cet inventaire, de rappeler le passage suivant du Rapport adressé par M. X. Charmes au Ministre de l'Intruction publique sur la situation des Archives en France pendant l'année 1886 : « L'inventaire des titres anciens de l'Assistance publique est devenu, après les incendies de 1871, le document le plus précieux pour l'histoire du vieux Paris p. 7.

TABLE

INSTRUMENTS, APPAREILS & DOCUMENTS SCIENTIFIQUES

Exposés par MM. les Membres du Corps médical

Pages

Médecine : Médecins des Hôpitaux. — Médecins aliénistes. . . . 3
Chirurgie : Chirurgiens des Hôpitaux 8
Accouchement : Accoucheurs des Hôpitaux 12
Publications scientifiques 14

Spécimens de moulages en cire 14

ARCHÉOLOGIE

Archives de l'Administration : Pièces les plus intéressantes. . . . 15
Objets anciens 16
Collection de vases de pharmacie anciens 16
Instruments de chirurgie ayant appartenu aux docteurs Civiale
    et Dupuytren. 16

Portraits et bustes de Bienfaiteurs de l'Assistance publique. . . . 17
Objets d'art. 17

PUBLICATIONS

Publications relatives aux Hôpitaux et Hospices 19

Publications de l'Administration

Publications historiques. 20
Publications administratives et financières. 20
Tableaux statistiques. 23

SERVICE D'ARCHITECTURE

Plans des Établissements et des canalisations 25
Plans et dessins des grandes constructions depuis 1878 25
Service de l'Ingénieur, plans et coupes d'appareils 28
Vues photographiques des Hôpitaux et Hospices. 29

Costumes en usage dans les Établissements hospitaliers. 33

MATÉRIEL HOSPITALIER

Meubles 34
Ustensiles 35
Appareils (malades). 35
Appareils (opérations). 36

TRAVAUX DES ENFANTS

Orphelinat Riboutté-Vitallis 37
Enfants moralement abandonnés. 37
Enfants idiots et épileptiques de Bicêtre. 40

ÉTABLISSEMENTS DE SERVICE GÉNÉRAL

Approvisionnement. 41
Boulangerie. 41
Pharmacie 41
Magasin central. 42

Appendice 43

Paris. — Imp. Grandremy et Henon, 28, quai de la Rapée.